*We are always given the very wounds
that we are eventually meant to
teach others to heal.*

Teal Swan

.

Weißt Du,
was Du mit Dir trägst?

Eine Entscheidungshilfe
für Tattoo und Motiv

by

Antonia Katharina Tessnow

Bibliografische Information der Deutschen Nationalbibliothek:
Die Deutsche Nationalbibliothek verzeichnet diese Publikation in
der Deutschen Nationalbibliografie; detaillierte bibliografische
Daten sind im Internet über http://dnb.dnb.de abrufbar.

TWENTYSIX – Der Self-Publishing-Verlag

Eine Kooperation zwischen der Verlagsgruppe Random House
und BoD – Books on Demand

© 2018 Antonia Katharina Tessnow

Herstellung und Verlag:
BoD – Books on Demand, Norderstedt

ISBN: 9783740735395

Tattoos entworfen und gestochen by

Valera Ronenko *(zu finden auf Instagram) im Studio*

Tattoo Lebenslänglich Hamburg

Leitfaden

Ein Appell

Insight - ein kurzer Abriss der Bedeutsamkeit

Was zu bedenken ist

Was ist die feinstoffliche Ebene?

Ein kurzer Einwurf

Die Bedeutung einer Tätowierung

Was man sich alles tätowieren lassen kann
-        *Destruktive Motive*
-        *Konstruktive Motive*
-        *Spirituelle Motive*
-        *Motive mit persönlicher Bedeutung*

Die Auswahl des Tätowierers

Nachsorge - Wichtige Tipps zur richtigen Nachbehandlung der Haut
-        *Nach dem Lasern*
–   *Nach dem Tätowieren*

Erst denken, dann handeln!

Glossar

Über die Autorin

Buchempfehlungen

*

*Das Durchschnittliche
gibt der Welt ihren Bestand,
das Außergewöhnliche
ihren Wert.*

Oscar Wilde

*

Ein Appell

Nach vielen gewollten und ungewollten Erfahrungen mit Inkern, misslungenen Tätowierungen, ungeplanten Lasersessions und erneuten Cover-Ups, möchte ich euch nun mit diesem Buch eine Hilfestellung geben und dazu beitragen, Fehler, wie ich sie gemacht habe, zu vermeiden.

Weißt Du, was Du mit Dir trägst? Das fragen sich wenige, scheint solch eine Frage doch geradezu abwegig. Doch ist sie das? Was für Wirkungen auf Dich und welche Auswirkungen auf Dein Leben kann eine Tätowierung haben?

Wie tiefgreifend die Antworten auf diese Fragen, wie wichtig die Auswahl des Motivs und des Tätowierers sind, soll in diesem Büchlein dargelegt werden.

Eine Tätowierung ist für's Leben. Jedenfalls sollte sie das sein. Und ein Leben erscheint endlos, wenn man es mit einem Tattoo verbringen soll, das leichtfertig und ohne nachzudenken gestochen wurde und erst im Nachhinein seine volle Wirkung auf Dich und Dein Leben entfaltet. Noch schlimmer ist es, wenn das Tattoo an einer Stelle sitzt, die jeder sehen kann und nicht einmal die Möglichkeit besteht, es wenigstens zu verstecken. Und selbst, wenn es möglich wäre, das Tattoo zu ändern, zu lasern und/oder zu covern, der Weg dorthin ist lang, steinig, schmerzhaft und nicht immer mit Erfolg gekrönt! Das habe ich selbst durchlebt und in dem Buch *'Tattoo - Laser - Cover Up - Wenn der Traum zum Albtraum wird'* ausführlich beschrieben.

Dieser kleine Ratgeber ist ein erweiterter Auszug aus dem zweiten Teil dieses Buches. Ich habe mich entschieden, diesen Teil erneut und separat zu veröffentlichen, damit auch all diejenigen, die nicht vor der Entscheidung stehen, sich Lasern und Covern zu lassen, die Möglichkeit haben, es *besser* zu machen als ich, gründlicher nachzudenken, sorgsamer Motiv und Inker auszusuchen und bewusster mit der Entscheidung, sich tätowieren zu lassen, umzugehen.

Möge euch das Nachgehen der Frage *'Weißt Du, was Du mit Dir trägst'* bei der Wahl eures Tattoos eine Entscheidungshilfe sein! Denn nicht jede Geschichte geht am Ende so gut aus wie meine. Ich bin noch einmal glimpflich davon gekommen; das Lasern war zwar schmerzhaft, doch das neue Cover Up ist wundervoll. Ich bin sehr zufrieden. Jedoch war es vor allem dem Glück geschuldet, dass in meinem Fall am Ende alles gut ausging.
Bitte macht es besser und denkt vorher gründlich über eure Entscheidung, euch tätowieren zu lassen, nach! Darum dieses Büchlein und mein dringender Rat an euch:
Begeht nicht dieselben, leichtfertigen Fehler wie ich! Seid nicht so naiv und denkt: 'der Tätowierer macht das schon', denn das wird er unter Umständen nicht. Seid aufmerksam. Überlegt mit Bedacht und lieber einmal mehr als zu wenig.
Lasst euch Zeit. Denn ein Tattoo ist für immer; und 'Immer' ist eine sehr lange Zeit.

(rechts: Cover auf dem Oberarm)

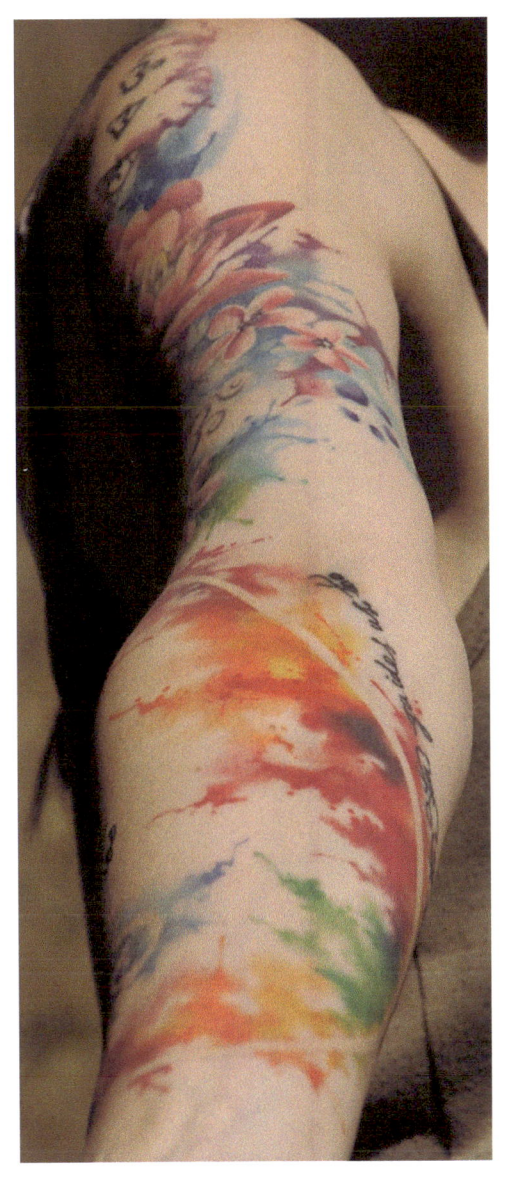

Insight – ein kurzer Abriss der Bedeutsamkeit

Der Ursprung des Tattoos liegt - wie heute weithin bekannt - auf einer Inselgruppe im Südpazifik, und zwar den Schifferinseln (Ta-tatau), den Freundschaftsinseln (Tatau, Tatu) und den Gesellschaftsinseln (Ta-Tattorio).

Mit der Versklavung und Verschiffung der Eingeborenen nach Europa, die oft und viel tätowiert waren, stand diese Art des Körperschmucks in Verbindung mit dem Namen der Inseln und leitet den heutigen Begriff 'Tattoo' her, der weltweit Verwendung findet.

Es waren demnach auch die Seefahrer und Schiffer, die als erste selbst Tattoos als Verzierungen von ihren Reisen mitbrachten und bis heute mit diesem Ritual in Verbindung gebracht werden.

In Europa gab es zwar ebenfalls seit vielen tausenden von Jahren immer wieder Kulte und Riten, die das Tattoo für sich nutzten, doch hatte es zur Zeit der Entdeckung der Tatau in unseren Breitengraden eher die Bedeutung eines Malzeichens. So wurden Verbrecher, Huren und Mörder 'gezeichnet', tätowiert, damit - für alle erkennbar - ihre Identität für immer sichtbar war.

Zudem trug Ceasare Lambroso, ein Kriminalpsychiater aus Italien, mit seiner 1876 veröffentlichten Theorie des ‚Homo Delinquens' (Der verbrecherische Mensch), der das Tattoo als Merkmal und Zeichen des geborenen Verbrechers beschrieb und einem zur Schau gestellten primitiven Charakter zuordnete, maßgeblich dazu bei, dass sich dieses Bild im Geiste der Gesellschaft etablierte. Auf der Grundlage seiner Theorien, die von der Existenz des sogenannten verbrecherischen Gens ausgehen und sich unter anderem am Stand der Augen, der Formung des Kinns oder eben entsprechenden Tätowierungen orientiert, sind mehrere 10.000 Menschen zu Unrecht zum Tode verurteilt worden. Teilweise fußen sogar große Teile der Rasseneugenik des Dritten Reiches auf dieser Lehre. Wohin solcherlei menschenverachtende Urteile führen, verrät uns ein Blick in die nicht einmal 100 Jahre zurückliegende Geschichte.

So kommt es, dass in den Köpfen mancher Menschen bis heute das Tattoo etwas Verruchtes mit sich bringt, etwas Primitives, etwas, das Kriminelle und Primitive kennzeichnet, obwohl diese Riten lange Geschichte sind.

Trotz aller Vorurteile und Dogmen, die in weiten Teilen der Gesellschaft das Denken der Menschen bestimmte, war das Tätowieren um die 1890er Jahre beim Hochadel modern. Die Anzahl an tätowierten Frauen der New Yorker Oberschicht lag in dieser Zeit bei 75%. In den europäischen Fürstenhäusern waren nahezu alle Angehörigen tätowiert. Und neben König Edward VII, Zar Nikolaus II. und Prinzessin Marie von Orléans war sogar die berühmte Kaiserin Sissi von Österreich tätowiert. Sie trug einen Anker im Nacken. (1, 2)

In der Gegenwart des 21. Jahrhunderts, in der die Zeit immer schnelllebiger, Beziehungen unsteter und Arbeitssituationen unsicherer werden, viel Flexibilität und schnelle Entscheidungen gefordert sind, beansprucht die Tätowierung eher den Status des Konservativen. Denn sie konserviert die Zeit, den Moment, eine Lebenssituation und wird somit zum Symbol der Sehnsucht nach Verlässlichem, nach Stabilität, nach Beständigkeit. Sie bringt ein Gefühl mit sich, das mit dem Einbringen in die Haut etwas Unvergängliches repräsentiert; etwas, das für alle Zeit bestehen bleibt, das der Vergänglichkeit entrissen ist, und somit dem Trend unserer Zeit entgegen wirkt. (3, 4)

Was zu bedenken ist

Abgesehen von den mitgebrachten Tattoos der Seefahrer, tätowieren wir Menschen uns seit tausenden von Jahren. In allen Kulturen und auf allen Kontinenten der Welt findet man Tätowierungen aus den unterschiedlichsten Gründen: Manche sind in rituellen Zeremonien begründet, manche bezeichnen Stammes- oder Sippenzugehörigkeit und -traditionen, viele haben geistige und/oder spirituelle Bedeutung. Auch Mutproben oder der Übergang von der Jugend zum Mann- bzw. Frausein werden durch das Tätowieren für immer in die Haut eingekerbt. Die Frage ist allerdings nicht, was eine Tätowierung anderen Menschen bedeutet, sondern:

Was bedeutet sie *dir*?

Frage dich darum:

Warum willst *du* dich tätowieren lassen?

Gehe dieser Frage in Ruhe nach. Höre in dich hinein und hinterfrage deine Motivation, dich überhaupt tätowieren zu lassen. Belese dich, hole dir Inspirationen aus dem Internet oder aus Büchern, von denen es einige sehr gute auf dem Markt gibt. (5)

Was ist die feinstoffliche Ebene?

Der berühmte Wissenschaftler Masaru Emoto widmete sein Leben Experimenten mit Wasser. Er 'energetisierte' Wasser. Er klebte auf Wasserflaschen Etiketten mit Aufschriften, positiven und negativen, und beobachtete, wie sich die Molekularstruktur des Wassers je nach 'Energie', die ihm zugeführt wurde, veränderte. Dazu wurden die Wassermoleküle schockgefrostet. Und die Ergebnisse waren phänomenal!

Affirmation 'Du machst mich krank'

Affirmation 'Ich liebe Dich'

Besser als jedes andere, mit bekannte Experiment, stellen die schock-gefrosteten Wassermoleküle aus Emotos Versuchen für mich dar, was es mit materialisierten Strukturen macht, wenn man sie gewissen gedanklichen und emotionalen Frequenzen aussetzt. Es zeigt ganz eindeutig, dass wir - die wir ja selbst zu ca. 70% aus Wasser bestehen - von energetischen Frequenzen um uns herum und aus uns heraus beeinflusst sind.

Sogar in unserer Umgangssprache sprechen wir in Frequenzen. Selbst in unserem allgemeinen Sprachgebrauch nutzen wir Terminologien wie 'wir haben die selbe Wellenlänge', oder wenn wir uns nicht gut fühlen, sagen wir Dinge wie 'mit mir *stimmt* etwas nicht'. *Stimmen* tut man normalerweise ein Instrument; an der *Stimmung* erkennt man, ob das Instrument richtig auf den Grundton eingeschwungen ist oder nicht. Und eben genau das ist die Erkenntnis aus Emotos Experimenten, die sowohl für die Wissenschaft gelten, als auch im wahren Leben Bedeutung haben: Nämlich dass sich die Frequenzen der unterschiedlichen Ebenen gegenseitig beeinflussen.

Jeder Wissenschaftler weiß heute um das Gesetz der Resonanz. Was wir ausstrahlen, ziehen wir an. Das wird nicht nur von den alten Philosophien gelehrt, sondern heutzutage auch von den fortschrittlichsten Physikern und sogar manchen Hardcore-Materialisten; weil es einfach so ist. (6)

Ein kurzer Einwurf

Eine etliche Jahre zurückliegende Studie hat belegt, dass es immunsuppressiv wirkt, sich Filme anzuschauen, die Mord, Totschlag, Krieg und Horror beinhalten. Besucher von Kinos wurden als Probanden dieser Studie angeworben und es zeigte sich eindeutig, dass ein neunzigminütiger Film mit schrecklichem Inhalt das Immunsystem bis zu 80% schwächt! Das erklärt auch, warum unglückliche Menschen eher krank werden, mehr Schmerzen haben und eine geringere Lebenserwartung haben als glückliche. Die entsprechenden Glückshormone und immunstärkenden Neurotransmitter werden bei glücklichen Menschen in höherem Maße ausgeschüttet als bei unglücklichen; somit sind die Selbstheilungskräfte des eigenen Körpers bei glücklichen Menschen um ein Vielfaches stärker und stabiler.

Stell dir nun vor, du hast nicht nur 90 Minuten, sondern ein Leben lang Symbole für Mord, Totschlag, Schmerz und Horror unter der eigenen Haut auf deinem Körper. Diese Motive werden ihre Wirkung ebenso wenig verfehlen, wie der neunzigminütige Film.

***

Die Schwingungsfrequenz der gedanklichen Ebene beeinflusst alle umliegenden Ebenen, auch die nächst dichtere Ebene, was bei uns der Körper ist - der ja wiederum 'nur' eine Schwingungsfrequenz ist. Nur mit einer anderen Wellenlänge als zum Beispiel immaterielle Dinge wie Gedanken und Gefühle. (siehe - Quantenphysik) Darum kann man durch positives Denken auch sein Wohlbefinden beeinflussen. Genauso beeinflusst negatives Denken das allgemeine Befinden, in negativer Hinsicht. Das selbe gilt auch anders herum: Durch die Körperhaltung kann man seine Gemütsverfassung beeinflussen. Jede Ebene, jeder Körper, hat auf alle anderen Ebenen, auf alle anderen Körper, Einfluss. Egal ob Materielle- oder Energie-Körper.

Darum beeinflusst auch ein Etikett auf einer Wasserflasche mit einer Affirmation die Molekularstruktur des Wassers in dem Behältnis, auf dem die Affirmation angebracht ist.

Genau so wird ein Tattoo in deinem Feld praktisch *angebracht,* und zwar an der Grenze vom grobstofflichen Feld des Körpers zum nächst feinstofflicheren Feld der Gedanken und Gefühle, die wir ausstrahlen und die man mit der modernen Aura-Fotografie sogar sehen und messen kann - und die wir natürlich spüren können. Darum haben wir auch ein Gespür für das Befinden anderer Menschen; darum lösen andere Menschen in uns bestimmt Gefühle aus, positive und negative, je nachdem, wie sie selber ticken, bzw. auf welcher Frequenz sie *schwingen.*

Ein Symbol, zum Beispiel, aufgebracht in der Haut, wird eine Wirkung haben, ähnlich die einer Affirmation auf einem Wasserglas, und nachhaltig die Energiestruktur Deines Körpers beeinflussen; und somit auch die Energiestruktur Deiner Gedanken und Gefühle.

Ein aufgebrachtes Tattoo, eine Affirmation, ein Motiv, wird sich auf Dein Energiefeld und auf Deine Gefühle auswirken, und damit direkt auf Dein Befinden. Und am Ende auf Dein gesamtes Sein und damit auf Dein gesamtes Leben.

***

Achte auf Deine Gedanken,
denn sie werden Worte.
Achte auf deine Worte,
denn sie werden Handlungen.
Achte auf deine Handlungen,
denn sie werden Gewohnheiten.
Achte auf deine Gewohnheiten,
denn sie werden Dein Charakter.
Achte auf Deinen Charakter,
denn er wird Dein Schicksal.

aus dem Talmud
eines der bedeutendsten Schriftwerke des Judentums

***

Die Bedeutung einer Tätowierung

Auf diese Weise haben Tätowierungen immer – egal, ob man bewusst dazu einen Zugang hat oder nicht – eine Wirkung auf unser gesamtes Energiefeld, und das nicht nur auf grobstofflicher, sondern eben auch auf feinstofflicher Ebene.

Außerdem spiegelt jedes Tattoo einen oder mehrere Aspekte desjenigen wider, der es trägt. Selbst bei mir hat sich in dem anfänglichen 'Nicht-zufrieden-sein-können', über das schrecklichste Tattoo der Welt und die gelaserte, verbrannte Haut, mein Innerstes widergespiegelt. Denn zu der Zeit, als ich mich das erste Mal tätowieren ließ, war ich gerade inmitten einer der schwersten Phasen meines bisherigen Lebens. Ich war extrem unentschlossen, orientierungslos, wusste nicht wohin mit mir, fragte mich, wo ich bleiben soll, war ziellos. Tief in mir hoffte ich auf die Hilfe anderer, hoffte, 'irgendjemand wird es für mich schon machen', gab die Verantwortung meines Lebens an die Hoffnung ab, doch noch von irgendwem gerettet zu werden und krankte an der offensichtlichen Tatsache, dass dies nie der Fall sein wird.

Ich war verletzt, innerlich erschüttert und erfüllt von Schmerz, der sich in meine Seele brannte. All das konnte die ganze Welt – im übertragenen Sinne – an Hand der misslungenen, gelaserten Tätowierung auf meinem Arm und dem Zustand meiner Haut ablesen. Jedes einzelne Stadium.

Auch wenn so gut wie niemand wusste, was geschehen war und ich immer bedeckt oder mit einer Armbinde herumlief.

In Wirklichkeit hat es also nie jemand gesehen, aber theoretisch konnten es alle sehen, da ich es für alle sichtbar auf meinem Körper trug. Darum weiß ich nur zu gut, was es mit einem Menschen macht, gezeichnet bzw. tätowiert zu sein.

Meine seelische Entwicklung verlief parallel zu der Zerstörung und Wiederherstellung meines Armes, bzw. ‚überhaupt Herstellung meines Armes', wie ich es heute nenne. All das, was ich *in* mir trug, hat sich – obwohl es wie eine Verkettung von Missgeschicken und unglücklichen Umständen anmutet – auf meiner Haut und damit in meinem Energiefeld gespiegelt.

Trotzdem fragte ich mich: War diese Geschichte nun ein Spiegel meiner seelischen Verfassung, oder habe ich mich so elend gefühlt, weil ich durch eine misslungene Tätowierung, Lasern und Covern ging? Eines bedingte und verstärkte wohl das andere, doch in jedem Fall waren Innen und Außen wesentlich spürbarer miteinander verknüpft als vor der Tätowierung und allem, was dann für mich darauf folgte.

Das Tattoo hat mich gezwungen, mir meiner Verantwortung mir selbst und meinem Leben gegenüber bewusst zu werden und diese auch zu übernehmen. Es hat mich gezwungen, mich mit meinen Gefühlen des 'Nicht-zufrieden-sein-könnens', der Orientierungslosigkeit und Zielfindung auseinanderzusetzen und sie zu lösen. Es hat mich für meine Empfindungen und leisen Eingebungen sensibilisiert. Es hat mich aufgeweckt, auch wenn das Erwachen ziemlich brachial und schmerzhaft vonstattenging. Doch welcher Aufwachprozess tut das nicht?

Warum erzähle ich das hier? Weil eine Tätowierung zwar *immer* von Außen eine Wirkung auf dich und dein Energiefeld haben wird und - vice versa - dein Innerstes nach Außen kehrt und somit eine Wirkung auf dich und dein Leben haben wird; **trotzdem ist es deshalb noch lange nicht nötig, unbedacht zu handeln!** Denn was auch immer unter deiner Haut landet – ob nun mit solch einer Geschichte im Hintergrund oder einer anderen - es wird dich verändern! Darum ist es absolut elementar und lebensweisend, dir viel Zeit zu nehmen und dich zu fragen:

***

Was will ich mir tätowieren lassen?

***

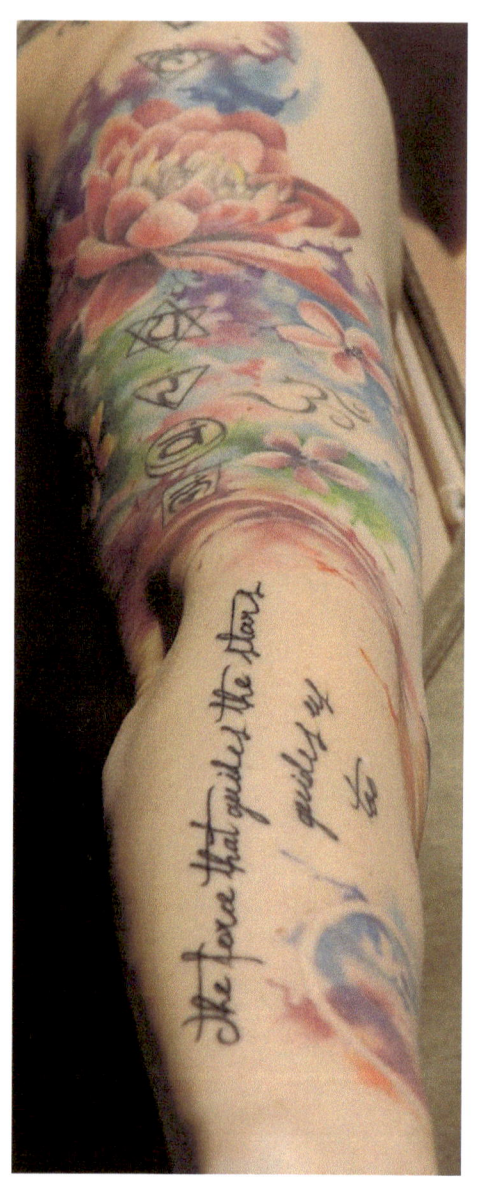

Was man sich alles tätowieren lassen kann

Destruktive Motive

Blutverschmierte Totenköpfe, vernarbte Gesichter, denen mit Nadel und Faden der Mund zugenäht ist, abgerissene Gliedmaßen bis hin zu Schattengestalten aus der Anderswelt – all das gibt es. Tätowieren lassen kann man sich alles. Kein Problem. Du wirst, ohne lange zu suchen, einen Tätowierer finden, der dir zu solchen Motiven keine weiteren Fragen stellt. Die Fragen zu ganz eindeutig destruktiven und lebensverneinenden Motiven solltest jedoch *du* dir stellen.

Wie du dir sicher denken kannst, rate ich aus energetischen Gründen dringend davon ab, sich destruktive Motive für immer ins eigene Feld zu ziehen. Die Geister, die man ruft, wird man in diesem Fall nicht wieder los.

Was es langfristig speziell mit Dir macht, kann ich zwar im einzelnen nicht genau vorhersagen, da einerseits solcherlei Motive für mich nie in Frage kamen und andererseits die Auswirkungen immer individuell sind; aber jedes Tattoo *wird* Auswirkungen haben - und zwar tiefgreifende und langfristige. Darum schaue dich lange und intensiv um und entscheide mit Bedacht!

In den drei Jahren, die ich in Indien gelebt, Rückführungen in frühere Leben sowie energetische Clearings geleitet habe, bin ich vielen sehr dunklen Energien begegnet, die ich niemandem ins Leben wünsche. Hat sich ein Mensch jedoch einmal für solch eine dunkle und destruktive Schwingungsebene geöffnet, die dann auch immer entsprechende Wesenheiten und energetische Frequenzen anzieht – was sich auf ganz praktischer Ebene in Form von schmerzhaften Erfahrungen, schlechten Menschen, emotionalem Leid manifestiert – ist es schwer, diese wieder loszuwerden.

Für Menschen, die nicht energetisch arbeiten, ist es praktisch unmöglich, sich selbst am eigenen Schopf zu packen und aus dem Sumpf dunkler Energien und schmerzvoller Gefühle herauszuziehen. Für geschulte Energiearbeiter ist es machbar, nicht jedoch in allen Fällen.

Psychologen und Therapeuten haben eine Erfolgsquote von gerade einmal 5% bei der Heilung von Depressiven und Abhängigen. Trägt man zudem eine destruktive Tätowierung unter der Haut, die immer wieder lebensverneinende Gefühle, entweder in dem Träger selber oder aber in den jeweiligen Betrachtern auslöst, mit denen man zwangsläufig konfrontiert ist, wird es bald unmöglich, sich von gewissen herunterziehenden Assoziationen und ihnen anhaftenden, destruktiven Strömungen nachhaltig zu befreien.

Mein missglücktes Tattoo war wie ein destruktives Motiv, darum hatte es in der Intensität, Tragweite und den Auswirkungen auf mein persönliches Leben auch so eine grundlegende Bedeutung. Ich war in dieser Zeit nicht nur völlig blockiert in der Kontaktaufnahme zu anderen Menschen, sondern das Tattoo hat mich auch daran gehindert, überhaupt jemanden kennenzulernen; und das nicht nur, weil ich mich mit dieser Geschichte nicht lächerlich machen wollte, sondern weil ich einfach – umgangssprachlich würde man sagen – energetisch 'down' war. An einen Aufbau einer eventuellen Beziehung war überhaupt nicht zu denken, denn ich habe niemanden an mich herangelassen, so intensiv war das mich herunterziehende und abstoßende Gefühl mir selbst und meinem eigenen Körper gegenüber, das alles untermalte.

Mal davon abgesehen, dass diese eineinhalb Jahre eine gute Zeit für mich waren, alleine zu sein, so hat dieses Tattoo wirklich tiefgreifende Auswirkungen auf die Art und Weise gehabt, wie ich mich in der Gesellschaft bewegte. Der ganze Rückzug, der über all die Monate stattgefunden hat, war maßgeblich von der Geschichte meines Armes und dieses verhunzten Tattoos gesteuert.

Selbst wenn nicht alle das Tattoo so schrecklich fanden wie ich, *ich* fand es schrecklich, und das war eben ausschlaggebend. Dass andere Menschen dein misslungenes Tattoo vielleicht gar nicht so schlimm finden, ist völlig gegenstandslos, wenn *du selbst* es anders empfindest und wahrnimmst.

Wenn man wirklich etwas unter der Haut trägt, das destruktiv auf einen wirkt, so hat das nicht nur elementare Auswirkungen auf das Leben und auf alles, was man macht, sondern auch auf die gesamte Art und Weise, wie man seinem Leben, der Gesellschaft und anderen Menschen entgegentritt. Zudem hängt die ganze Zeit wie ein Damoklesschwert die entscheidende Frage über einem, ob dieser destruktive Herd, also das Tattoo, überhaupt jemals korrigiert, geschweige denn entfernt, werden kann oder nicht.

Sollte man sich dafür entscheiden, ein Tattoo lasern zu lassen, weiß man im Grunde nicht, ob eine Tätowierung korrigierbar ist, bis ein Laserstudio einmal draufgeschaut (7), ein Tätowierer das neue Cover Up gestochen hat und am Ende wirklich alles gut geworden ist. So lange kann man sich nicht sicher sein, ob doch alles irgendwann mal wieder besser wird. Denn auch in allerletzter Instanz kann der Tätowierer das Cover Up so 'verreißen', dass es einem wiederum nicht gefällt. Vielleicht ist man dann gefragt, am Ende mit einem Kompromiss zu leben, aber eben nicht mit dem Gefühl, ein schönes Tattoo zu haben, dass man gerne zeigt; sondern mit etwas, womit man leben muss.

Die angeblich Zuständigen aus dem ersten Hamburger Tattoo-Studio, in dem ich war und die den Mickey-Mouse-Tätowierer beschäftigten *(siehe: Tattoo - Laser - CoverUp: Wenn der Traum zum Albtraum wird - 8)* meinten, sie könnten mir ein Cover Up anbieten, damit ich wenigstens 'damit leben könne'. Das war nie meine Intention. Es war nie meine Intention, mich mit einem Kompromiss zu arrangieren. Das kam für mich nicht in Frage.

Wenn ich tätowiert bin, dann muss das gestochene Motiv wirklich so schön sein, dass ich es gerne trage und auch gerne zeige; es muss ein Tattoo sein, gegenüber dem ich nicht einmal im Ansatz irgendwelche 'Bad Feelings' hege.

Ich wiederhole mich hier einige Male - *bitte verzeih!* - einfach weil ich die Erfahrung gemacht habe, wie tiefgreifend eine solche Geschichte sein kann und wie weit eine Tätowierung ins eigene Leben eingreift. Darum kann ich sicher sagen, dass auch anders herum – wenn eine Tätowierung gut geworden ist und wenn man sie schön findet - es eine genau so intensive Wirkung hat, auch wenn sich diese Wirkung auf eine ganz andere, positive Art und Weise im Leben entfaltet.

Vielleicht ist es nicht bei jedem einzelnen so intensiv der Fall wie bei mir, aber du musst damit rechnen, dass es dir so ergehen *kann*, auch wenn du es dir jetzt im Vorfeld nicht vorstellen kannst. Ich konnte es mir im Vorfeld auch nicht vorstellen. Ich weiß aber *jetzt*, da ich diese Erfahrung hinter mir habe und selbst Betroffene war, wie gravierend und lebensprägend es ist, sich ein Tattoo unter die Haut stechen zu lassen. Unterschätze das nicht!

Konstruktive Motive

Wer das Kapitel *Destruktive Motive* gelesen hat, kann sich nun vorstellen, was in dem Kapitel *Konstruktive Motive* geschrieben steht. So ziemlich das Gegenteil von dem, was in den vorangegangenen Ansätzen ausgeführt wurde.
Konstruktive Tätowierungen haben natürlich ebenfalls eine entsprechende Wirkung auf dein Feld und es sei geraten, ein Motiv zu wählen, das dich erfreut, dein Gemüt erhellt, das du dir gerne anschaust und das Schönheit, Zartheit, Liebevolles, Lebensbejahendes oder was auch immer deinem positiven Lebensgefühl entspricht, ausstrahlt – eben all die Dinge, die dein Gemüt erhellen und deine Stimmung heben. Blumen, Ornamente, Herzen, Schmetterlinge, Symbole – was immer es sein mag - Konstruktives eben. Dinge, die Emotionen auslösen, die dem Leben zuträglich sind. Auch diese Gefühle werden langfristig in deinem Leben wirken und sich manifestieren.

Spirituelle Motive ·

Spirituelle Symbole findet man auf der ganzen Welt, in allen Kulturen und Nationen. Sie werden genutzt, um das spirituelle Wachstum zu fördern und das Energiefeld zu stärken. Meist sind sie aus Schriftzeichen entstanden, die einen ganzen Bedeutungskomplex beinhalten. So steht zum Beispiel der Lotus für das spirituelle und geistig-seelische Erwachen sowie alles, was damit zu tun hat, dazu führt und daraus resultiert.

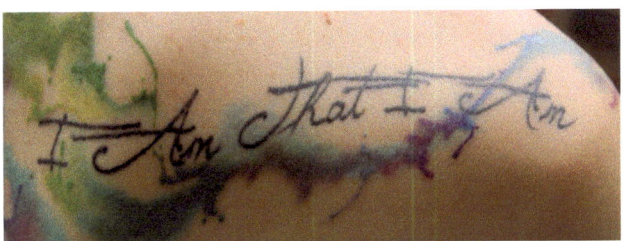

Die Antwort Gottes auf die Frage des Mose, wer er sei. *Ich bin das Ich bin*, antwortete er, engl.: *I am that I am*.

34

Lotus auf dem Oberarm

Erwachen ist das Kernthema des gesamten Buddhismus und Hinduismus. Um das Thema 'Erwachen' geht es auch in Teilen des Christentums und dem Taoismus, dem Zen und vielen anderen fernöstlichen Religionsphilosophien und –weisheiten, mit denen man ganze Bibliotheken füllen kann.

Die Symbole der sieben Chakren

Die sieben Chakren bezeichnen die sieben Haupt-Energiezentren unseres Körpers, sowohl des geistig-spirituellen, des emotionalen als auch des physichen. Die unterschiedlichen Körper durchdringen sich gegenseitig und offenbaren die einzelnen Lernbereiche im Leben eines Menschen.

Die Blume des Lebens zum Beispiel steht dagegen für die Einheit allen Lebens, materiell, immateriell, weltlich und universell. Es gibt ganze Filme über dieses eine Motiv. Googled es oder sucht danach bei Youtube. Spirituelle Motive sind also immer Symbole mit mannigfachen Aussagen und vielschichtigen Bedeutungskomplexen.

Spirituelle Symbole auf der Haut zu tragen ist in vielen Kulturen und Gruppierungen Brauch. Sie können helfen, das jeweilige Bewusstsein, das sie ausdrücken, im eigenen Feld und im eigenen Geist zu etablieren und zu stärken. Es gibt etliche spirituelle Symboliken, die dir auf deinem Weg zu spirituellem und geistigem Erwachen hilfreich und nützlich sein können. Aber auch, um die Frequenz deines Bewusstseins anzuheben und die Bedeutung dieses Motivs nahe zu dir zu holen und einfach im Stillen wirken zu lassen. Schaden wird dir solch ein Tattoo sicher nicht.

Motive mit persönlicher Bedeutung

Auch die persönliche Bedeutung eines Motivs kann etwas sehr Mystisches und nachhaltig Wirksames sein. So kann ein Anker für die Heimat stehen, wenn es der Norden oder die Küste ist. Das Motiv kann einen Menschen mit all den Gefühlen, die damit zusammenhängen, für immer verbinden und sie in sein Bewusstsein holen. Dasselbe gilt für die ostfriesische Teekanne, die ggf. wohlig warme Gefühle des Geborgenseins und des Zuhauseseins wachruft, wenn sie denn an diese Emotionen gekoppelt ist. Alles schon gesehen.

Erwecken persönliche Motive gute Gefühle, dann sind sie in die Kategorie der 'konstruktiven Motive' einzuordnen. Erwecken sie dunkle, schmerzliche Gefühle oder verbinden dich mit Verlust und Trauer, fallen sie eher in die Kategorie der destruktiven Motive.

38

Willst du unbedingt einen Menschen, ein Tier oder eine gewisse Erfahrung in Erinnerung behalten, oder dir eine Lebensphase vergegenwärtigen, die Schmerz und Verlust verursachte und dich fürs Leben gezeichnet hat, dann überlege, ob es einen Weg gibt, die lichten und hellen Seiten - zum Beispiel die daraus gewonnen Erkenntnisse - eher hervorzuheben, als den von ihnen verursachten Seelenschmerz, den du dir automatisch jedes Mal zurückholst und erneut manifestierst, wenn du deine Tätowierung siehst, in den Spiegel schaust oder durch andere damit konfrontiert wirst. Denn ob das so förderlich für das eigene Seelenheil ist, wage ich zu bezweifeln.

Auch so könnte eine Vorlage aussehen

Oder auch so, wenn das Modell nicht stillhält ...

... und so das Tattoo.

(Ergänzung zum Cover Up, Juni 2018)

Die Auswahl des Tätowierers

Für die ganz Feinfühligen unter euch: Seid euch bei der Wahl des Tätowierers darüber im Klaren, dass ihr mit diesem Menschen, durch euer Tattoo, in gewisser Hinsicht für immer verbunden sein werdet. Dadurch, dass der Tätowierer sich selbst einbringt - und das nicht nur durch eventuelle Inspirationen und Ideen, sondern vor allem dadurch, dass euer Tattoo *durch* diese Person unter eurer Haut landet - tragt ihr energetisch diesen Menschen immer ein Stück weit mit euch.

Wer für diese feinen Ebenen empfänglich ist, sollte bei der Auswahl des Tätowierers nicht nur darauf achten, dass diese Person fachlich gute Arbeit leistet, sondern dass sie zudem eine Ausstrahlung hat und ihr zueinander eine Wellenlänge, die man gerne im eigenen Feld haben möchte. Ist dies nicht der Fall, dann lasst – auch bei noch so fachlich guter Arbeit – lieber die Finger davon. Hört auf euer Bauchgefühl, das euch schon sagen wird, ob es richtig ist, was ihr tut und ob derjenige, der vor euch steht, der passende Tätowierer ist. Denn hat man einmal das Tattoo gestochen, über das man für alle Zeit miteinander verbunden sein wird, ist das Gefühl des Unglücklichseins und der Abneigung ebenso unmöglich wieder vollständig aus den unterschiedlichen Energiekörpern zu entfernen, wie das Tattoo von der Haut.

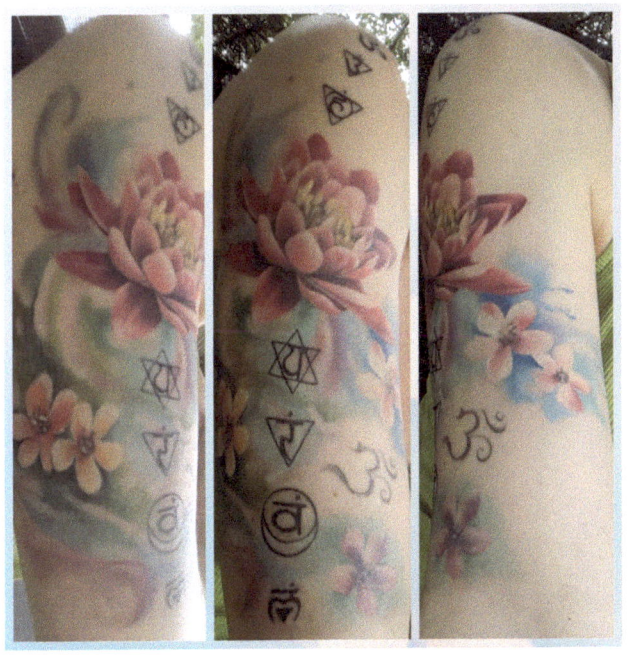

Hier der erste Entwurf aus dem Hamburger Farbkollektiv. Man sieht, dass alles sehr simpel unter die Haut gebracht ist. Es fehlen Feinheiten, die Harmonie stimmt nicht und es wirkt irgendwie unfertig.

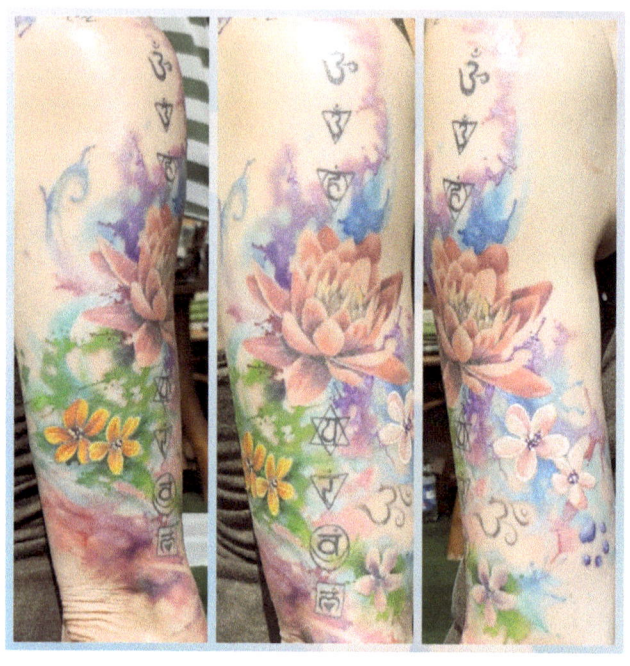

Das Touch-Up von Valera Ronenko aus dem Tattoo-Studio Lebenslänglich in Hamburg.

Man sieht klar den qualitativen Unterschied zu dem Entwurf von Nia aus dem Farbkollektiv: Das Watercolour ist herausragend ausgearbeitet, die Blüten verfeinert und vervollständigt, die Farben in Harmonie gebracht und die Details um ein vielfaches präziser gestochen. Die Auswahl des richtigen Tätowierers macht natürlich nicht nur energetisch, sondern auch qualitativ einen Unterschied, wie man klar erkennen kann.

Motiv mit persönlicher und spiritueller
Bedeutung, Oberschenkel

Nachsorge

Wichtige Tipps
zur richtigen Nachbehandlung der Haut

Ohne die grundlegende und fundierte Nachbehandlung der Haut, die in meinem Fall nicht nur durch das Tätowieren, sondern auch durch das Lasern und erneute Covern in Mitleidenschaft gezogen wurde, würde sie jedoch heute wahrscheinlich noch ganz anders aussehen und die Heilungs- und Regenerationsprozesse wären nicht so gut verlaufen, wie sie es am Ende glücklicherweise sind.

Obwohl die Ayurvedische Medizin in allen Belangen der Haut **Aloe Vera** empfiehlt, ist mein Tipp: Erstversorgung mit Panthenol.

Die Aloe-Pflanze jedoch, die nach Abheilung der ersten Wunden und der erstmaligen Erneuerung der Haut zum Einsatz kommen kann – diese dauert ca. 5 – 7 Tage - enthält kühlende und haut-regenerierende Substanzen, die sich hervorragend für alles eignen, was mit der Haut zu tun hat. Darum ist mein Tipp im weiteren: Gekühltes Aloe-Vera-Gel – keine Salbe! – was relativ schnell einzieht.
Sollte es vereinzelt Stellen geben, die wie kleine Wunden anmuten und schlechter abzuheilen scheinen, ist **Emu-Salbe** zu empfehlen.
Emu-Salbe wird vorrangig in der Tiermedizin angewandt und enthält das Öl des Emus, einem

Laufvogel Australiens. Da dieses Öl eine hohe Konzentration an ungesättigten Omega-3 und -6 Fettsäuren enthält, die beim Aufbau neuer Hautzellen eine große Rolle spielen, eignet es sich hervorragend für alle Arten der Wundheilung auf der Haut, über Brandwunden und trockener Haut bis hin zur Narbenregeneration.

Unterstützend können leichte Massagen des entsprechenden Bereiches – natürlich nicht während der akuten Phase, in der Panthenol die Heilcreme der Wahl ist – mit der gewählten Salbe oder dem Aloe-Vera-Gel angewendet werden. Dies fördert die Neubildung und Durchblutung des jeweiligen Hautareals. Dazu reicht es, mit der Hand langsam streichend über den zu behandelnden Bereich zu gehen und die Wirkstoffe somit noch effektiver in die Haut einzubringen.

Nach dem Tätowieren

Auch hier gibt es Salben, die für die Wundheilung speziell nach dem Tätowieren bestimmt sind. Damit habe ich persönlich keine guten Erfahrungen gemacht. Löst man die Folie und den Verband nach – optimal – einem Tag nach dem Tätowieren und trägt die entsprechende Salbe auf, brennt sie schrecklich und hört auch vorerst nicht wieder auf. Da Schmerz medizinisch immer ein Symptom ist, kann diese Salbe auf frisch tätowierter Haut also nicht gesund sein.

Auf dem Bild sind die ersten Anfänge der Tätowiererin Nia aus dem Hamburger Farbkollektiv zu sehen, die das Tattoo nie beendet hat, sondern mich zu einer zweiten Sitzung hat anreisen lassen, um mich dann vor verschlossener Tür stehen zu lassen – weil ihr an diesem Tag 'nicht mehr so ganz nach tätowieren war'. Glücklicherweise, musste ich im Nachhinein feststellen, dienen ihre Tattoo-Künste lediglich für eine Vorlage für ein Touch-Up eines Profis, nicht jedoch als tragbares Cover Up.

Das Bild zeigt sehr einfach ausgearbeitete Blüten und relativ stark blutende Haut, was in diesem Maße nicht unbedingt passieren sollte.

Da die Farbe in die Haut eingebracht wird, stellt das Tätowieren zwar immer eine Verletzung dar; darum *kann* es passieren, dass die Haut etwas blutet. Das ist beim Tätowieren ganz normal und nicht beunruhigend. Allerdings sollte man sich darauf einstellen und innerlich vorbereiten. Übermäßiges Bluten der Haut ist jedoch ein Zeichen einer schlecht gestochenen Tätowierung.

Das fertiggestellte Touch-Up von Valera Ronenko aus dem Tattoo-Studio Lebenslänglich in Hamburg

Generell gilt: Seid vorsichtig mit Salben auf frisch tätowierter Haut! Wenn ihr die Folie das erste Mal löst, dann könnt ihr vorsichtig die Haut trockenwischen, müsst es aber nicht. Ihr könnt das körpereigen-produzierte Wundwasser, das immer auch heilende und regenerierende Enzyme enthält, einfach für diesen Moment auf der Haut belassen. Folgt hierbei eurem Gefühl.

Was nicht zu empfehlen ist, ist mit Seife an frisch tätowierte Haut zu gehen. Seife zerstört immer den natürlichen Säureschutzmantel der Haut, egal ob es bio, naturbelassene oder chemisch hergestellte Seife ist. Dazu siehe auch gerne das Buch 'HAIR – Alles über alternative Haarpflege' (9)

Mein Tipp an dieser Stelle wiederholt: Erstversorgung mit Panthenol. Panthenol zieht nicht – wie zum Beispiel Aloe Vera oder auch Jojobaöl – die Farbe aus der Haut, wirkt beruhigend und feuchtigkeitsspendend.

Im Weiteren, wenn die Haut sich das erste Mal erneuert hat und das Tattoo sichtbar abgeheilt ist, empfehle ich jedoch das altbewährte Jojobaöl in Kombination mit reinem Aloe-Vera-Gel.

Jojobaöl ist eigentlich kein Öl, sondern ein Wachs. Da es ein Wachs ist, wird es auf der Haut nicht von den körpereigenen Lipasen gespalten. Es durchdringt somit alle Hautschichten, schützt langfristig vor Feuchtigkeitsverlust, wirkt entzündungshemmend und besitzt einen natürlichen Lichtschutzfaktor von drei bis vier. Und es ist sehr reich an Provitamin A und E.

Vitamin A hat eine wichtige Bedeutung für den Schutz von Haut und Schleimhäuten sowie für das Wachstum und die Zellentwicklung und -erneuerung. Es unterstützt Reparaturprozesse auf der Haut und normalisiert die Hautfunktionen. Somit ist es unverzichtbar für die Gesundheit dieser Gewebe. Ein Mangel an Vitamin A bedingt rissige und trockene Haut sowie Hautschäden, zum Beispiel Hautschuppung. Bei der Abheilung einer Tätowierung also sehr zu empfehlen.

Vitamin E schützt die Zellmembran, das heißt die Außenwände unserer Zellen, und ist wichtig für den Fettstoffwechsel. Es sorgt auf diese Weise dafür, dass die Haut nicht rissig wird oder austrocknet. (siehe: Hair – Alles über alternative Haarpflege - 9)

Außerdem – und das ist der größte Pluspunkt an diesem Öl, im Gegensatz zu so ziemlich allen Salben - brennt es nicht auf der Haut. Es ist so mild und hautfreundlich, dass es problemlos für die Haut- und Wundversorgung genutzt werden kann.

Wenn möglich, dann wartet noch einen Tag, solange die Haut nicht spannt. Gebt eurer Haut Zeit. Es ist nichts zu überstürzen. Die Selbstheilungskräfte unseres Körpers sind nicht zu unterschätzen. Manchmal ist weniger mehr.

Gegebenenfalls legt auch in den nächsten Nächten noch einmal Frischhaltefolie auf und einen Verband an. So wird die Haut feucht gehalten, denn auf diese Weise verdunstet die natürlich produzierte Feuchtigkeit nicht, sondern verbleibt durch die auf ihr liegende Folie auf der

Haut, was ihr zusätzlich ganz natürliche Pflege verleiht.

Achtet in jedem Fall darauf, dass die Haut nicht austrocknet und reißt!
In beiden Fällen – sowohl dem Lasern, als auch dem Tätowieren - erneuert sich die Haut. Die alte Hautschicht stirbt ab und löst sich langsam. Keine Haut abziehen! Auch keine halbgelöste Haut abziehen – auch wenn es schwer fällt. Und auf keinen Fall kratzen, wenn es im Weiteren beginnt zu jucken.

Juckreiz

Ist die akute Phase der Verletzung abgeheilt und hat sich die Haut erneuert, beginnt sie einige Tage wie verrückt zu jucken. Versucht, diesem Reiz nicht nachzugeben und ihn so gut wie möglich auszuhalten. Massiert indes das betroffene Areal mit eingecremten oder –geölten Fingern, nicht jedoch mit den Fingernägeln!
Nach der Erstversorgung mit Jojobaöl, die bis zu drei Tage dauern kann, könnt ihr hier ebenfalls mit Aloe-Vera-Gel beginnen. Auch in diesem Fall ist die kühlende Wirkung sehr wohltuend.

Bei dem Aloe-Vera-Gel ist sehr auf die Qualität des gewählten Produktes zu achten. Kauft lieber in einer Apotheke als in den herkömmlichen Drogeriemärkten. Selbst wenn der Unterschied bei 10,- Euro liegt und es sich im ersten Moment so anfühlt, als steht das Geld nicht in Relation zu der kleinen Tube, so überlegt euch, ob ihr es euch Wert seid, nicht doch etwas mehr auszugeben anstatt an dieser Stelle zu sparen.

Im Grunde genommen folgt nun eine ähnliche Prozedur wie bei der Behandlung nach dem Lasern; allerdings ist es nicht unbedingt notwendig, die Haut zu kühlen. Sollte es sich für euch jedoch angenehm anfühlen, dann kühlt eure Haut. Schaden kann es nicht.

Nutzt erst nach 3 – 4 Tagen die Tattoo-Salbe, wenn ihr sie denn überhaupt nutzen wollt. Panthenol sei hier ebenfalls empfohlen, das nicht brennt, bei Heilungsprozessen gern eingesetzt wird und für Schnittwunden prädestiniert ist.

Wascht eure Wunde immer wieder mit klarem Wasser, lasst der Haut jedoch Zeit für den Heilungsprozess und den Salben Zeit, vollständig einzuziehen.

Der ideale Zeitpunkt, eine Salbe aufzutragen, ist abends und nachts. Man sieht unter anderem an den sich schließenden Blumenkelchen, wie die ganze Natur sich zur Nacht in sich zurückzieht. Alles, was einziehen soll, nach innen ziehen soll, sollte deshalb abends und nachts aufgetragen werden. Man erleichtert es dem Körper, und in diesem Fall der Haut, die heilenden Substanzen aufzunehmen.

Nutzt immer wieder Aloe-Vera und Jojobaöl; auch die Emu-Salbe für die frischen Wunden ist nicht verkehrt, allerdings nicht unablässig, da es keine Verbrennungen sind. Meinen

Entzündungen nach Herrn Mickey Mouse, dem Horror-Tätowierer, der mein erstes Tattoo so schrecklich verrissen hat, hat sie allerdings sehr geholfen.

Achtet darauf, dass die Salben und Gele, Sonnencremes und Pflegeprodukte, die ihr im Anschluss langfristig nutzt, keine Parfume oder andere synthetisch hergestellte Chemikalien enthalten. Es ist für das natürliche Hautmilieu nicht förderlich, ihm mit irgendeiner Art von Chemie zu begegnen.
Sonne sollte in der ersten Zeit gemieden werden. Vor allem nach einer Lasersitzung, was euer Schmerz, den die Sonne auslöst, schon erzählen wird. Auch im Weiteren sollte man – will man die strahlenden Farben und klaren Linien eines Tattoos erhalten – nicht unbedingt täglich und mit voller Wucht in der Sonne baden. Je besser die Haut geschützt und gepflegt wird, umso länger habt ihr etwas von eurer Entscheidung, die hoffentlich eine gute war.

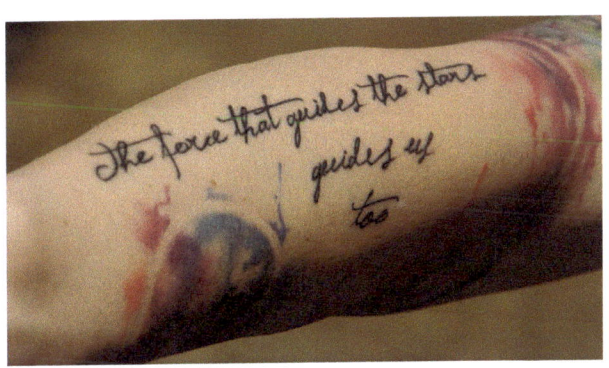

Erst denken, dann handeln!

Überlege Dir also GUT, mehrmals und immer wieder, was Du Dir stechen lassen willst. ***Lasern ist keine Lösung!*** Lasern kann höchstens als Vorlage für ein Cover Up dienen. Und die Betonung liegt auf ‚*kann*'. Auch das Lasern kann schiefgehen. Verabschiede Dich also von dem Gedanken, eine Tätowierung wieder loszuwerden, denn das wirst Du in 99% der Fälle nicht. Gehe davon aus, dass auch der modernste Laser, der heute auf dem Markt ist, dies nicht bringen kann. Das ist einfach ganz und gar unmöglich.

Solltest Du zu den wenigen Glücklichen gehören, deren Hautstruktur, Tattooqualität und Farbintensität so geartet ist, dass sich Deine Tätowierung doch rückstandslos entfernen lässt, hast Du einfach Glück gehabt. Darauf bauen solltest Du allerdings nicht.
Wofür Du Dich auch immer entscheiden magst, sei Dir bewusst, dass Dich die Korrektur gegebenenfalls viele Monate, wenn nicht sogar einige Jahre Deines Lebens kosten kann.

Dein Tattoo *wird* Auswirkungen auf Dich, Dein Energiefeld und damit Dein Leben haben. Sei Dir darüber im Klaren – egal, ob Du daran glaubst oder nicht; egal, ob Du energetisch arbeitest oder überhaupt an diese Art der Arbeit glaubst – Dein Energiefeld interessiert das wenig. Du wirst zwangsläufig anziehen, was Du ausstrahlst. Und wenn Deine Tätowierung entsprechende Gefühle in Dir wachruft, immer und immer wieder, wird sich Dein Leben entsprechend Deiner inneren geistigen und emotionalen Haltung konfigurieren. Darum wird Deine Tätowierung auch Dein Leben verändern! Nimm Dir also für Deine Entscheidung viel Zeit.

Und noch einmal: Es bringt gar nichts, wenn Dein Tattoo anderen gefällt, Dir aber nicht. Andere können viel erzählen. Auch mir wollten einige Leute erzählen, wie ich meine Tätowierung finden soll, dass sie doch gar nicht so schlimm sei, dass es ohnehin Schlimmeres gibt und ich mich nicht so haben soll. Alles schön und gut; es ändert jedoch nicht im Geringsten etwas an den eigenen, persönlichen, tiefen Empfindungen dem eigenen Körper und damit der eigenen Tätowierung gegenüber. Lass Dich also nicht bequatschen! Höre ganz allein auf Dich selbst.

Guck dir indessen Deine Skizzen und Deine Entwürfe immer wieder an. Bitte notfalls Deinen Inker um Rat und entwerfe zusammen mit ihm oder ihr, eine Vorlage. Bezahle lieber eine Arbeitsstunde mehr für das Erstellen einer guten Vorlage, als Dir das Geld zu sparen und auf gut Glück zum ersehnten Termin zu fahren – so wie ich. Hier sparst Du definitiv an der falschen Stelle. Schaue Dir die Vorlage so oft wie möglich an. Wenn Du sie auch nach dem 100sten Mal noch gut findest, dann leg' los. *Aber wirklich erst dann!*

Google so viele Tattoos, wie Du Dir anschauen kannst! Gehe auf Bildersuche und studiere die unterschiedlichen Stile. Wenn Du ein Tattoo gefunden hast, das Dir gefällt, dann schaue, wer es gestochen hat.

Lasse Dich nicht abschrecken, sollte das Studio und der Tätowierer, der Dir entspricht, etwas weiter weg sein. Ich wohne in Mecklenburg-Vorpommern und nehme zu jeder Sitzung gerne die 220km Anfahrtsweg nach Hamburg in Kauf, die zwischen dem Alten Jagdhaus und dem Tattoo-Studio Lebenslänglich in Hamburg liegen, in das mich einst mein Weg führte. (10)

Und dann – wenn es tatsächlich geklappt hat, Du Dir ein Motiv ausgesucht und den passenden Inker gefunden hast, losgefahren bist, alle Strapazen und Schmerzen auf Dich genommen hast und Dir Dein Tattoo gefällt – gibt es kaum etwas Geileres!

Tätowieren ist ein Erlebnis und verändert einen Menschen nachhaltig. Es verändert das Leben, weil man hinterher nie wieder so sein wird wie vorher. Darum sorge selbst dafür, dass Deine Erfahrung eine positive sein wird und treffe keine vorschnellen Entscheidungen.

Das Leben ist manchmal doch länger, als es scheint und Du kannst Dir nicht vorstellen, wie lang die Zukunft sich anfühlen kann, wenn man vor der Situation steht, mit einer Tätowierung herumlaufen zu müssen, für die man sich schämt und die man für den Rest seiner Tage am liebsten verstecken möchte. Dann scheint die relativ kurze Zeit, die uns hier auf Erden gegeben ist, beinahe unendlich. Sorge dafür, dass dies nicht der Fall sein wird!

Möge Deine Erfahrung bei deinem Wunsch-Inker eine erhellende sein; möge Dir Dein Tattoo Seelenfrieden, Glück und Zufriedenheit bringen. Möge es Dich Dir selbst näher bringen und dazu beitragen, dass Du Dich noch besser, lichtvoller und heiler fühlst.

Ich wünsche Dir alles Gute!

Antonia Katharina Tessnow
aus dem Alten Jagdhaus
Mecklenburg-Vorpommern Juni 2018

The one thing that only you have
that nobody else has
is you.
Your voice, your mind, your story, your visions.
So write and draw and built and play and dance
and live
as only you can.

unbekannt

Glossar

(1) Margot Mifflin: Bodies of Subversion. A secret History of Women and Tattoo, 2013

(2) Süddeutsche Zeitung: Das Tattoo – Phänomen der Oberschicht

(3) Oliver Bidlo – Tattoo, Die Einschreibung des Anderen

(4) Youtube.de – Ceasare Lombroso und das Verbrecher-Gen / Prognostik

(5) Buchempfehlungen:

- Oliver Bidlo – Tattoo, Die Einschreibung des Anderen

- Brain Tattoos: Du bist, was du denkst

- Spiritual Skin – Magical Tattoos and Sacrification: Wisdom. Healing. Shamanic Power. Protection.

(6) Dokumentation: Das Gesetz der Resonanz, Youtube

(7) Endlich Ohne, Laserstudio in Hamburg www.endlich-ohne.de

(8) Tattoo - Laser - CoverUp: Wenn der Traum zum Albtraum wird

(9) Hair – Alles über alternative Haarpflege by Antonia Katharina Tessnow

(10) Tattoo Lebenslänglich
    Winterhuder Weg 116
    22085 Hamburg

–   Tattoos by *VALERA RONENKO – VALERA RONENKO bei Instagram*

–

Antonia Katharina Tessnow
aus dem Alten Jagdhaus
Juni 2018

Über die Autorin:

Antonia Katharina Tessnow, geboren 1975 in Berlin, absolvierte nach Beenden der Schule ihren High-School-Abschluss in den USA. Nach einem einjährigen USA-Aufenthalt kehrte sie nach Deutschland zurück und arbeitete viele Jahre hauptberuflich als Berufsreiterin. Mit 22 wechselte sie in einen Sportstall nach Schleswig-Holstein, in dem sie sich auf die Dressur spezialisierte und Pferde aller Klassen trainierte und ausbildete. Mit 24 wechselte sie ins Berliner Olympiastadion und arbeitete dort 6 Jahre als Landesverbandstrainerin des modernen Fünfkampfes in der Disziplin Springreiten. Berufsbegleitend studierte sie Heilpraktik, Tierheilpraktik und ganzheitliche Psychologie und besuchte eine dreijährige Fortbildung am Institut für Emotionale Prozessarbeit.

Mit 30 verließ sie den Reitsport, ging an eine Uniklinik nach Sri Lanka und erwarb dort ihre internationale Heilerlaubnis. Es folgten 3 Jahre, in denen sie zwischen Indien und den USA hin- und herpendelte, psychoenergetische Sitzungen und Rückführungen in frühere Leben leitete und sich weiterbildete.

Antonia Katharina ist Doctor of Holistic Medicine und Psychology, hat sich umfassend mit alternativen Heilweisen befasst, wozu auch der therapeutische Einsatz von Musik gehört und besuchte Kurse von dem führenden Reinkarnationstherapeuten Trutz Hardo. Im Laufe ihres Indienaufenthaltes spezialisierte sie sich auf psychoenergetische und musikalische Heilarbeit, Reinkarnationstherapie und Pflanzenheilkunde.

Seit 2009 lebt sie wieder in Deutschland und widmet sich seitdem nicht nur ihrer künstlerischen, heilpraktischen und schriftstellerischen Arbeit, sondern setzt sich auch intensiv mit dem Thema Hunde auseinander - vorrangig der Rasse Bolonka Zwetna.

Neben dem Schreiben von Büchern, der Pflege ihrer Hunde und ihrer heilenergetischen Arbeit, die sie seitdem weiter vertiefte, absolvierte sie eine Zusatzausbildung zur Hundefriseurin und besuchte diverse Weiterbildungen zum Thema Haltung, Zucht und Tierkunde. Heute lebt Antonia Katharina am Rande eines Dorfes in Mecklenburg-Vorpommern und betreibt die kleine Rassehundezucht der 'Zarenhunde aus dem Alten Jagdhaus'.

***

Webseite rund um das Thema Tattoo:

***

www.tattoo-spirit.com

***

Webseite der Autorin:

***

www.antonia-katharina.de

***

Tattoo – Laser – Cover Up

Wenn der Traum zum Albtraum wird

Sowohl das Tätowieren als auch das Lasern ist nicht nur ein Eingriff in deinen Körper, sondern auch in deine Persönlichkeit und dem daran gekoppelten Gefühl, dir selbst gegenüber. Tätowieren verändert einen Menschen; mitunter hat diese Veränderung weitreichende Folgen und hinterlässt tiefe Spuren in deiner Seele. Festzustellen, dass dir das langersehnte Tattoo nicht gefällt oder gar misslungen ist, ist zudem eine schmerzliche Erfahrung, für die es wenig Helfende und Mitfühlende gibt.

Dieses Büchlein soll nicht nur eine Hilfestellung für Betroffene sein, sondern auch die Gedanken derer anregen, die mit der Idee spielen, sich unter die Nadel zu legen. Nicht nur meine eigenen Erfahrungen rund um das Thema Tattoo – Laser – Cover Up sind hier offengelegt, sondern es wurde auch ein Blick in all die Seelenschmerzen und inneren Qualen gewährt, die mit solchen Erfahrungen verbunden sind.

Jede Krise enthält eine Chance, weswegen die Chinesen dafür ein und dasselbe Wort verwenden. Die Chancen dieser Krise sind die daraus entsprungenen, weiterführenden und sehr hilfreichen Gedanken sowie all die wichtigen Überlegungen zum Tätowieren allgemein, die dir hoffentlich helfen mögen und die du unbedingt anstellen solltest, *bevor* du eine Entscheidung triffst, die dich in jedem Fall für dein Leben zeichnen wird.

Die Botschaft der Tiere

Der Weg zurück zu uns selbst

Ein Wegweiser durch unsere Zeit

Es ist ganz und gar möglich, den Weg nach Hause zu finden. Wir brauchen nicht zu warten, bis wir diese Welt verlassen und zurück in unsere Seelenheimat gehen, um in den ewigen Gefilden Frieden und Liebe zu erleben. Wir können uns unser Zuhause, das Paradies, auch hier auf der Erde, auf diesem Planeten erschaffen. Es ist tatsächlich möglich, uns in ein neues, anderes Bewusstsein hineinzuentwickeln, von dem nicht nur die heiligen Schriften und die Erleuchteten im Laufe unserer Erdgeschichte berichtet haben, sondern von dem uns auch die Tiere erzählen, indem sie es uns Tag für Tag vorleben.

Wir Menschen können noch umkehren. Wir müssen diese Welt nicht zerstören. Es muss nicht alles so weitergehen wie bisher. Es ist möglich, den Weg zurück ins Paradies zu finden, doch können ihn uns nur diejenigen weisen, die ihn kennen.

Wenn wir den Tieren erlauben, uns den Weg zu weisen, werden wir ihn finden. Wenn wir ihre Botschaft ernstnehmen, sie verinnerlichen und versuchen, sie zu entschlüsseln, werden wir sie verstehen. Die Tiere haben das Paradies nie verlassen. Wer, wenn nicht sie, könnten uns diesen Weg weisen?

Kommunikation mit Tieren

ein Essay

Tierkommunikation ist keine Kunst, die nur wenigen Auserwählten vorbehalten ist, sondern eine Fähigkeit, die in jedem von uns schlummert und uns allen innewohnt. Es ist nichts, was man lernen muss, sondern es ist etwas, woran man sich erinnern kann, wenn man dafür bereit ist. Dieses kleine Büchlein beschreibt in kurzen, aufeinander aufbauenden Abschnitten die Kommunikation mit Tieren. Es soll dabei helfen, sich an seine ursprünglichen Fähigkeiten zu erinnern und sie wieder nutzbar zu machen; es soll ein Wegweiser sein und zeigen, dass jede Begegnung eine Aufgabe für uns bereit hält, für die es immer eine Lösung gibt und an der wir wachsen können. Alles hat einen Sinn und es lohnt sich, darauf zu vertrauen. Selbst wenn wir ihn manchmal nicht gleich verstehen.

Textauszug: 'Jede Kommunikation ist individuell. Jede Verbindung, jedes Karma einmalig. Manchmal sind die Tiere überhaupt erst dafür da, um dem Menschen die gefühlte, intuitive Wahrnehmung und Kommunikation zu erschließen. Es ist ein Gewinn für alle, wenn der Mensch beginnt, eine Verbindung zu seinem Tier und damit zu sich selbst herzustellen, sich seinen Themen und deren Botschaften zu öffnen und von ihnen zu lernen. Wenn du dazu bereit bist, das Tier in seiner Ganzheit zu erkennen und als gleich-wertig zu schätzen, wenn du dich auf dein Ganz-Sein einlässt und dem Tier genauso erlaubst, es selbst zu sein, wie es das Tier dir erlaubt, dann entsteht wahre Verbundenheit. Wenn du über die weit verbreiteten Trainingsmethoden der Dominanz und der autoritären Kontrolle hinauswächst und dich dem tieferen Sinn einer Begegnung zuwendest, wenn du versuchst zu erkennen, was dein Gegenüber dir beibringen will, dann beginnt die Kommunikation mit deinem Tier.'

Bolonka Zwetna

*Von der Empfindsamkeit der Hundeseele
und der Liebe, die sie schenkt*

**Der Nr. 1 Bestseller in amazon in der Kategorie
'Hunde'**

Dieser kleine Ratgeber soll nicht nur zum allgemeinen Verständnis der Beziehungen von Hunden zu uns Menschen beitragen, sondern vor allem den Menschen in seiner Seele berühren. Neben kurzen Überblicken über Rassestandard, Ernährung, Fellpflege und Haltung führt die Autorin den Leser in die facettenreiche Welt der Hundeseele, die voll tiefer Empfindsamkeit ist und niemanden unberührt lässt, der die Fähigkeit besitzt, zu fühlen.

Antonia Katharinas Liebe gilt seit jeher den Tieren. Viele Jahre war sie hauptberuflich in der Reiterei tätig bevor sie Heilpraktik, ganzheitliche Psychologie und Tierheilpraktik studierte. Seitdem widmet sie ihr Leben den Kleinhunderassen im Allgemeinen und dem Bolonka Zwetna im Speziellen. Neben ihrer schriftstellerischen, musischen und tierheilpraktischen Arbeit hat sie sich auf die Auftragsmalerei von Tierfotos spezialisiert und betreut ihre kleine Rassehundezucht der 'Zarenhunde aus dem Alten Jagdhaus'.

Die Hundezucht 'aus dem Alten Jagdhaus'
präsentiert sich unter

rund-um-hunde.jimdo.com

Bolonka Zwetna Terminplaner

Ob Beagle, Yorkshire, Pudel oder Mops; Dackel, Terrier, Schnauzer oder Schoßhund - dieser Kalender spricht Kleinhunde aller Rassen an. Mit kurz umrissenen Themen sowie berührenden Hundehoroskopen gibt er nicht nur konstruktive Ratschläge zu den alltäglichen Bedürfnissen ihres Lieblings, sondern verleiht auch einen Einblick in die Seele und das innerste Lebenserlebnis dieser wundervollen Wesen, die ein jedes Leben um ein vielfaches bereichern.

Einführung: Jeder Mensch, der sich Hunden verbunden fühlt, spürt in sich meist auch eine tiefe Verbindung zur Natur, denn die Vierbeiner tragen einen großen Teil dazu bei, dass wir Hundemenschen uns viel draußen aufhalten, dem Wind und Wetter trotzen und auch unter widrigsten Umständen das Haus verlassen. Dieser Kalender soll dazu beitragen, dass sich das wunderbare Gefühl der Naturverbundenheit noch weiter vertieft. Aus diesem Grunde wird hier nicht nur auf die neu-christlichen, sondern auch auf die alten, keltischen Feiertage zurückgegriffen und damit auf uraltes Wissen, das aus einer Zeit hervorging, in der sich die Menschen noch als ein Teil der Natur wahrnahmen.
Des Weiteren sind die Mondstände in den einzelnen Zeichen angegeben, die Sonnenzeichen, d.h. die Sternzeichen, vermerkt und 12 kleine Themen umrissen. Es ist jeweils der genaue Tag des Übertritts der Sonne in das neue Zeichen angegeben, wie er in den Sternzeitberechnungen angegeben ist und der von Jahr zu Jahr ein klein wenig variieren kann. Möge dieser Kalender jedem Hundebegeisterten ein paar neue Einblicke geben, sowohl in den praktischen Umgang mit dem Hund, als auch in die Seele dieser wundervollen Wesen, die ein jedes Leben um ein Vielfaches bereichern.

Madras

Zauber der Palmblätter

Die Palmblattbibliotheken: Tausende Jahre alt und bis heute ein ungelöstes Rätsel. Das Geheimnis dieses Ortes ist das Thema dieses Buches. Die Geschichte dreht sich um eines der größten Rätsel der Menschheit.

Eine Reise führte mich dort hin. Ich habe meine kleine Heimatstadt verlassen um der sagenumwobenen Legende auf den Grund zu gehen, die besagt, dass dort alle Lebensgeschichten aller Menschen niedergeschrieben sind; allerdings nur von denjenigen, die sich aufmachen, um danach zu suchen.

Eben das habe ich getan.

Und dies ist es, was ich gefunden habe.

Dieses Buch
liegt in deutscher und englischer Fassung vor.

Menschen, die dieses Buch gelesen haben:

"Ein interessantes Buch. Wer will, findet die Antwort auf die Frage: Wie viele Leben hat ein Mensch?"
Günther Prinz, Publizist, ehemaliger Chefredakteur der 'Bild', Deutschland

"Da steht also mein ganzes Leben auf einem Palmenblatt in Madras. Dieses Buch hat mein Verständnis von Raum und Zeit grundlegend verändert."
Fritz Bloomberg, Ex-Vizepräsident Burda Media, New York

"Ein außergewöhnliches Lesevergnügen, das meine Sicht auf die Welt verändert hat."
Gregor Tessnow, Schriftsteller und Drehbuchautor

HAIR

Alles über alternative Haarpflege

HAIR - Alles über alternative Haarpflege, ist ein heilpraktisches Sachbuch. Es gibt in den einleitenden Kapiteln einen Überblick über die Inhaltsstoffe in herkömmlichen Shampoos und Duschgels und wie schädlich synthetisch hergestellte Chemikalien in der täglichen Anwendung auf Haut und Haaren sind. Des Weiteren wird auf die Langzeitschäden eingegangen, die sich durch den dauerhaften und wiederholten Kontakt mit diesen Chemikalien ergeben können.

Der Hauptteil des Buches zeigt Alternativen zu herkömmlichen Produkten auf, die leicht umzusetzen und anzuwenden sind. Es wird auf komplizierte Anwendungstechniken verzichtet und ganz gezielt die Einfachheit der Methoden betont und in den jeweiligen Anwendungsbeschreibungen dargelegt. Alle alternativen Methoden zur Haut- und Haarreinigung sind von mir persönlich im Selbstversuch getestet, für jeden Interessierten leicht nachvollziehbar und die entsprechenden reinigenden Substanzen leicht erhältlich.
Im letzten Teil des Buches wird auf die Lebensweise, die Ernährung, Öle, Haarbürsten und Tipps und Tricks eingegangen, die langfristig und nachhaltig für gesunde und volle Haare sowie für gesunde, vitale und frische Haut sorgen.

Ziel dieses Buches ist es, das Bewusstsein für den Umgang mit unserem Körper, unserer Umwelt und damit unserer Gesundheit zu schärfen.

Kelten Kalender

Terminplaner
mit Baumkreis und Mondstand

jedes Jahr neu!

Das Keltentum ist seit jeher Quelle geistiger und seelischer Inspiration. Jeder, der sich zu der Geschichte, den Philosophien und der Lebensweise unserer Urahnen hingezogen fühlt, spürt in sich meist auch eine tiefe Verbundenheit mit der Natur. Immer mehr Menschen spüren eine große Sehnsucht nach eben dieser Verbundenheit, die über die Jahrhunderte hinweg durch Überlagerung moderner Glaubenssätze verloren ging.

Dieser Kalender soll dazu beitragen, dass das wunderbare Gefühl der Naturverbundenheit wieder zum Leben erwacht und sich weiter vertieft. Aus diesem Grund wird hier auf die alten keltischen Feiertage und den keltischen Baumkreis zurückgegriffen und damit auf uraltes Wissen, das aus einer Zeit hervorging, in der sich die Menschen noch als einen Teil der Natur wahrnahmen. Möge dieser Kalender ein wenig von dem alten, geheimnisvollen Wissen unserer Urahnen wachrufen und in unsere Erinnerung zurückholen; und wir damit in der Lage sein, das ursprüngliche Wissen unserer Vorväter, der Kelten, anzuzapfen.

Stille Nacht, Heilige Nacht

Erinnerungen an einen Heiligen Abend in den letzten Tagen des zweiten Weltkriegs

eine Kurzgeschichte

Diese Geschichte
liegt in deutscher und englischer Fassung vor.

Über das Buch:

1943. Es ist Weihnachten. Schon damals schrieben Kinder Tagebücher, um die unfassbaren Erlebnisse, die in Worten kaum wiederzugeben sind, festzuhalten. Die ältere Schwester von Antonia Katharinas Mutter ist neun Jahre alt, als sie durch ihre kindlichen Augen die Ereignisse einer Nacht beschreibt, die tiefe Eindrücke hinterlassen und niemanden unberührt lassen. Eine wunderbare Erinnerung daran, in was für friedlichen Zeiten wir heute leben dürfen.

Über die Autorin:

Antonia Katharina Tessnow ist die Tochter einer ehemals ostpreußischen Familie, die nach dem ersten Weltkrieg nach Deutschland kam. Ihre Großeltern ließen sich in Berlin nieder, mussten jedoch aus der Stadt fliehen, nachdem ihr Wohnhaus im letzten Jahr des zweiten Weltkrieges zerbombt und komplett zerstört wurde. Viele Jahre später kehrten sie nach Berlin zurück. Obwohl Antonia Katharina dort geboren ist, fühlte sie sich in dieser Stadt jedoch nie heimisch. Heute lebt sie auf dem Lande am Rande der Mecklenburgischen Schweiz.

Astro Kalender

Planetenumlaufbahnen, Mondstände und Blanko-Chart für das eigene Horoskop

jedes Jahr neu!

Der Astro-Kalender dient als Wegweiser durch das Jahr und spricht nicht nur Astrologen, sondern auch alle Naturverbundenen an, die zu den Gezeiten und dem Umlauf der Gestirne eine Verbindung spüren. Somit dient dieser Kalender sowohl Hobby- als auch professionellen Astrologen, die in ihrer Arbeit auf die Planetenstände und Sternzeitberechnungen der Ephemeriden zugreifen, als Leitfaden durch das Jahr. Zu Beginn ist ein Blanko-Radix eingefügt, um die persönlichen Sternstände oder ein entsprechendes Wunsch-Horoskop eintragen zu können. Weiterführend sind die Verläufe der einzelnen Planeten graphisch dargestellt und somit visuell auf einen Blick einsehbar. Zudem sind vor jedem Monat die entsprechenden Ephemeriden gelistet, sodass man den astronomischen Jahresverlauf immer bei sich hat. Der Übertritt der Sonne sowie des Mondes in die einzelnen Zeichen ist direkt an den entsprechenden Tagen im Kalender eingetragen. Möge dieser Kalender Hilfe und Erleichterung sein und all jenen nützen, die rund ums Jahr die planetarischen Einflüsse, denen wir unterworfen sind, im Blick haben möchten, um ihr Gespür auf diese Weise noch mehr zu verfeinern suchen und bisher auf umständliche Methoden der Sternzeitberechnungen zurückgreifen mussten.

Breakable - Zerbrechlich

Der Skandalroman aus Mecklenburg

Dieser Psychokrimi hat in der Region, in der er erschien, für so viel Wirbel gesorgt, dass sogar die Presse in die Geschichte eingestiegen ist. Anfeindungen, Intrigen und Klagen finden nicht nur im, sondern fanden auch um das Buch herum statt. Näheres ist einzulesen auf dem Blog

breakablezcrbrechlich.blogspot.de

Klappentext:

Eine Frau aus der Stadt. Ein kleines Dorf. Eine alte Köhlerkate, traumhafte Umgebung und idyllische Umgebung. Nicolas Leben könnte nicht friedlicher sein. Eines Tages begegnet sie einem Bauern aus der Nachbarschaft. Es ist Liebe auf den ersten Blick. Als diese von dem Mann mit der unverwechselbaren Stimme auch noch erwidert wird, scheint ihre Welt perfekt.
Doch Nicolas Glück ist nur von kurzer Dauer. Trug und Lüge lauern hinter jeder Ecke. Gerade als sie beginnt, das Ausmaß des Bösen zu entdecken, tun sich Abgründe auf, in die sie niemals hätte schauen dürfen.

Nach einer wahren Begebenheit.

'In ihrem spannenden Roman voller überraschender Volten und psychologischer Abgründe begegnet der Leser Figuren, die er seit Langem zu kennen glaubt.'

Henrik Leschonski, Lektor

Winston

Eine Pferdebuch-Trilogie für Jugendliche

Da Antonia Katharina selbst viele Jahre als Berufsreiterin tätig war, greift sie hier auf einen langjährigen Erfahrungsschatz zurück und veranschaulicht die Welt der Pferde für jeden Leser so realistisch und wirklichkeitsnah, dass man meint, selbst am Geschehen teilzunehmen. Ein Pferdeleben, wie es authentischer nicht beschrieben werden kann.

Winston Band I

Ein Fohlen erblickt die Welt

'Da steht er nun. Seine Beine sind viel zu lang für seinen kleinen Körper. Er versucht sich mühsam in der Koordination seiner Bewegungen, die anfangs nur bedingt gelingen. Das Fohlen macht seine ersten Gehversuche und stakst dabei durch das Stroh wie ein Storch durch den Salat.

Es ist wackelig auf den Beinen. Das Neugeborene drückt seinen Körper fest an den seiner Mutter, um stehen zu bleiben und nicht umzukippen. Die Stute bleibt regungslos stehen und wartet, schaut ihr Fohlen an und wagt nicht, sich zu bewegen, sondern bietet mit ihrem großen, ausgewachsenen Körper dem Kleinen Stütze und Orientierung.'

Winston Band II

Die große Show

'Ich wünsche mir aus tiefstem Herzen, dass der Ort, an dem ich bin und alles andere mein Leben lang so bleiben wird wie in diesem Sommer. Das alte Gestüt, in all seiner Stille, entwickelte sich zum unvergesslichen Ort meiner Sehnsucht. Hier will ich sein. Hier gehöre ich her. Und in meinen stillen Augenblicken gibt es nichts, was mir fehlt.

Zwar weiß ich, dass es für die Menschen hier darum geht, Geld zu verdienen, Erfolg zu haben, die Pferde ordentlich auszubilden und teuer zu verkaufen. Doch für mich geht es um den Geruch von frischem Stroh, wenn ich morgens in den Stall komme; um das Glück, das mich durchströmt, wenn ich meine Fohlen auf die Weide lasse; um die Sehnsucht in Winstons Augen, um die warme Sommerluft an lauen Abenden und den unendlichen Frieden, der über den Weiden liegt.

So gingen die Tage ins Land. Alles verlief ruhig. Bis zu jenem Tag, als etwas geschah, was diese Stille durchbrach.'

Winston Band III

Nichts ist unmöglich

'Mein Winston. Niemals hätte ich gedacht, dass man so eine tiefe und innige Beziehung zu einem Pferd haben kann. Dass man sich mit einem Tier so gut verstehen, so klar die Gefühle und Gedanken des anderen erfassen kann; und das alles ohne Worte. Ja, dass man ein Zusammengehörigkeitsgefühl entwickeln kann und eine Nähe, wie das bei uns der Fall ist und das manche Menschen mit allen Worten der Welt niemals herzustellen in der Lage sein werden.